Ut min Rimelschapp

Ut min Rimelschapp

Lustige Läuschen tom Vördrägen

von

R. C. Stempel

Herausgegeben von Christoph Stempel

Bibliografische Information der Deutschen Nationalbibliothek

Die Deutsche Nationalbibliothek verzeichnet diese Publikation in der Deutschen Nationalbibliografie; detaillierte bibliografische Daten sind im Internet über http://dnb.d-nb.de abrufbar.

Satz und Gestaltung:
Anne Stempel, Christoph Stempel

Bildnachweis: Sammlung Stempel

Herstellung und Verlag:
BoD - Books on Demand, Norderstedt
ISBN 978-3-7347-7719-6

Wat'r insteit:

Richard Christian Stempel (1870-1939)

Ut min Rimelschapp

Das Buch: Lustige Läuschen to'n Vordrägen, lustige Alltagsgeschichten zum Vortragen also, verspricht uns dieses kleine Büchlein. Veröffentlicht wurde es 1910 im Verlag der Bremer Zeitungs-Gesellschaft m.b.H..

Die Geschichtchen, witzige Anekdoten aus Bremen und dem Umland, waren seinerzeit im Bremer Tageblatt veröffentlicht worden. Um sie für die Nachwelt zu bewahren brachte der Verfasser, Richard Christian Stempel, sie in Reimform. So entstand dieses kleine Büchlein.

Für den heutigen Leser ist es in zweierlei Hinsicht reizvoll. Zum einen wegen der Geschichten, die einen Blick auf das Leben um die Jahrhundertwende und den trockenen Humor der Menschen in Stadt und Land ermöglichen, zum anderen und vor allem wegen seiner Sprache, dem fast ausgestorbenen Bremer Platt. Wenn es heute, bearbeitet von Nachkommen des Verfassers, wieder erscheint, so also einerseits als Dokument einer vergangenen Zeit und Sprache, andererseits aber, wie vor hundert Jahren, um dem Leser ein Schmunzeln ins Gesicht zu zaubern.

Der Autor: Richard Christian Stempel wurde 1870 in Bremen geboren. Der Vater war Schneidermeister und stammte aus Wulmstorf (Kreis Verden), die Mutter stammte aus Ostfriesland. Die Familie lebte in der Balgebrückstraße in der Bremer Altstadt, in einem Viertel, das für den Bau der Baumwollbörse abgebrochen wurde. Der junge Christian fiel einigen Bremer Baumwollkaufleuten auf und begann nach der Volksschule eine Lehre im Baumwollhandel. Dort machte er schnell Karriere.

Im Auftrag der Baumwollbörse gab er viele Jahre das Deutsche Baumwollhandbuch heraus, ein Standardwerk, das jährlich die Entwicklung des internationalen Baumwoll-handels wiedergab. Neben seiner Tätigkeit für die Baumwollbörse schrieb er Lyrik und epische Gedichte und widmete sich der Förderung der Anthroposophie. Mit Freunden gründete er einen literarischen Zirkel, dessen hektographierte Aufzeich-nungen teilweise erhalten sind. Eine Freundschaft bestand auch zu Georg Droste.

Ob diese Bekanntschaft schon aus Kindertagen rührte (beide waren Schneiderskinder), durch die Nachbarschaft (beide wohnten im Ostertorviertel nur ca. 100 Meter voneinander entfernt) oder durch die gemeinsamen literarischen Interessen, ist unbekannt. Christian Stempel starb 1939. Zuletzt hatte er in der Treseburger Straße gelebt.

Mit upp'n Wegg.

Ick hör' all mine leewen Frünn':
   En Bok von em? Un plattdütsch gor??
   Wat fallt em nu blos wedder in?
Tjä! Dat kümmt faken wunnerbor!
Nu lat't man eers doch mol dat Schell'n
Denn will ick jo dat woll vertell'n:
Süh' uset „Bremer Tageblatt"
Dat hett jo mol den Infall hatt,
Allns wat inn Volksmunn' is bekannt
An plattdütsch Döntjes in Stadt un Land
För düsse Zeitung rantohalen
Un mit'n Dahler to betalen.
Sieddem würd ümmer fliedig meld't,
Wat jüss de Lü sick so vertellt,
dat ick mit anner Läuschenfrünn'
Mi faken dröwer freien künn.
Doch wat mi ümmer duuern däh
Dat wör, dat ook an düsse Stäh'
Wenn mol so'n Ding eers affdruckt wör,
Man hörde darvon bald nix mehr;
Denn full dat eenfach ünnern Disch
As jede anner Zeitungswisch.
Wat nützt denn so'ne lüttje Freid'

Wenn se sobald verloren geit?
Nä, dat wör mi denn doch to schade
Un süh, deswägen dacht' ich grade:
De Dinger wören gornich slecht; –
Wenn ick de mol in Rimels bröcht?
Dat wör denn doch wat tom Vördrägen,
Denn künn'n de Lü sick faken hägen!
Ick söcht mi glieks de besten ut
Un bring jem nu in Rimeln rut.
Dat use Läuschen wied un sied
Beholen weert noch lange Tied! –
Süh so hangt dat jo all tosamen,
So is min Book tostanne kamen. –
Nu, mine Herren Kritikiker,
Hewwt nich 'n gor to scharpen Rüker!
Fählt an min Vers' ook mol'n Foot:
Dat dicke Enn' makt allens good!
Ji annern aber, de so geern
Mithulpen hewwt in Nah un Feern:
Jo segg ick minen dicken Dank!
Läs't man dat Book! Ji lacht jo krank!

Jan Eegensinn.

In Tarmstedt harrn se jo vör Jahren

De Kleenbohn boot. Nu wör't jo Tied

Jan wör all lang mit sick in'n Kloren:

Gliek nächsten Sönndag föhrst Du mit.

Jan mak ganz fröh sick up de Been

Na'n Bahnhoff hen, un wör ganz baff;

Knapp har he sick den Zugg besehn –

Pfüüt! Sä dat Lorck, un dampte aff!

Un leet em stahn! Un Jan de fleit't

Un winkt un schreit, –

Dat nützt all nix. De Zugg verswünn

Un Jan de stünn' as Botter an de Sünn!

Vergrellt keek Jan den Rakker nah:

„Du Deubelsteert, künnst Du nich töwn?

Du Rakkerwor?" Jan wöhr binah

Ganz dicht daran, wat uttoöwen.

Nah'n Ogenblick, bi'n Slagboompahl,

Do fleit de Zug tum Tweetenmahl

Jan lacht: „Süh so, nu meent he mi!

Dat glöw ick, weer so wat vör Di!

Meenst, dat ick Di nahlopen do?

Dor kannst Du lange noch up luern,

Du höllst nich wedder mi för'n Buern,

Nä, du Carnallj! Fleit Du man to!"

De willige Teckel.

De Förster dor in Nägenbüren

Verstünn de Lü woll antoföhren

Un mak in'n Weertshus he mol Rast

Wör meist he'n ganz fidelen Gast.

As he dor neelich wedder seet

Un sick'n „Groten" geben leet,

Do wör dor ok de Köster

De ohle Dörpscholmester.

Se klöhnden nu von dütt und datt,

Von Jägeree un süss so watt,

Väl geewt nich in'r Runne.

So kömen se up de Hunne.

De Köster frogt: „Is dat nu wohr,

Sünd Teckelhunn' son Rakkerwor,

Stickhorig un ok meist so frech

Datt se nich doht, wat man jem segg?"

15

De Förster meent: „Dat ick nich wüß,

Denn watt min ohle Waldmann is

De kennt mi eengermaten.

Mak ick man blos min bös Gesicht:

Waldmann! Kümmst her nu oder nich?

Se künnt sick drup verlaten:

Denn kümmt he – – oder nich!"

De bätsche Hummer.

Wer mol so recht sick hägen will

De möt na'n Mark hengahn

Un dor mang all de Hannelslüe

En bäten rümtostahn.

So'n rechten groden Markdag hier

De lohnt dor woll den Posten

Un wän de Tied nich duern deit,

De kümmt hier up si'n Kosten.

Mal ins, so stünn dor ook'n Herr

Si'n groden Hund dornäwen

Ick glöw, de woll hier ok gewiß

Son bäten wat erläwen.

Nu stünn'n se jüss dor an'n Korf,

Mit Hummern, springlebendig.

De Hund de kümmt em gor to nah

Und schreit ok gliek elendig,

Un springt, un neiht denn ut wie dull

Wat ick em woll to glöwen wull:

En Hummer harr ganz deepen

Sick in sien Swanz festknäpen!

„Herr!" röppt de Marktfro, de dor stund

„Herr!" fleit'n Se doch mol gau Ährn Hund!

De lacht: „De Hund makt mi keen Kummer

Fleit'n Se man erst Ähren Hummer!"

Dat Nachtloschih.

Ja, up'n Lann dor is't woll schön:

De frische Luft! Dat väle Grön!

Doch wenn man Nachts dor slopen will

In son lütt Weertshus – swieg rein still!

En Fründ von mi keehrt ook mol in, –

Dat weer all deep in Schummerstünn, –

In sinen Kinnersinn he dacht:

„Dat geiht jo woll för ene Nacht."

Dat güng jo nu ok, – aber wie!

Min Fründ seggt: „Sowat wünsch ick Di!

So'n richtig, deftig Buernbett

Dat is ja sowied all ganz nett,

Doch möt en dat eers hallwäg kennen

Un denn möt he ok swömmen köhnen,

Süss geiht he, – krüpt he dor herinner,

Pieplings in all de Feddern ünner."

Us Fründ wör dat noch slimmer gahn,

He harr de Nacht keen Oog todahn,

Dat kneep em hier, dat beet em dor,

Dat wör ja reinweg wunnerbor!

As he an'n Morgen wedder trecht,

Do schimpt he denn nu ook nich slecht!

„Dat Deubelstüg! De ganze Nacht

Wör ene lange Wanzenjagd!

Dat wörn jo woll an twintig Stück,

De ick so heff to dode drapen."

„Süh!" Grient de Weertsmann, wat'n Glück!

Hier schalln Se man noch öfters slapen!"

Man möt sick
to helpen wäten.

De Wittfro Harms to Langenbargen

De föhl sick mal ins gornich good

Künn sick vör Magenpien nich bargen

Un dacht jo woll all an den Dod.

Wo köm dat? Wat wör in se fahren

Dacht' se, as se so leeg to Bett,

En Teinmarkstück harr se verloren

Off se dat woll verslaken hett?

Jawoll! Dat wör't! Sönndag bi't Äten

Do köm ähr dat ok all so vör

Se harr up ganz wat hartes bäten

Dat wör't! – Trina! Den Doktor her!

De Doktor köm, een von de Ohlen,

De ganz genau sin Lüe kennt,

Un weet wat he von jem to holen, –

Un unnersöcht nu sin Podschent.

Denn fragt he: Hewt Se't denn verslaken,

Dat Goldstück? Is dat ok bestimmt?

Bestimmt? Nä. Doch mi is dat faken,

As wenn dat doch blos darvon kümmt!

So, so! Denn möt wi't woll verdriewen;

Nickt do de Dokter, Nähm't man in

Wat ick Se hier nu will verschriewen,

Denn ward sick dat woll wedderfinn'.

De Dokter geiht. Doch an'r Dör

Do nöhm he sick de Trina vör

Un seggt: Nu paß mol up, min Deern!

Nich wohr, Du helpst mi doch ganz geern?

Süh, wenn min Mittel anslahn deit

Un wenn de Sake los denn geiht, –

Denn paß Du man fein up, min Kind

Off sick dat Geldstück wedder find't.

Jedoch ick glöw, dat find sick nich;

Denn makst Du gorkeen lang Geschrigg

Denn smittst du, wenn sick garnix fünn

Eenfach hier dütt Teinmarkstück rin.

Schaßt sehn, dat't ähr glieks bäter geit.

Du glöwst nich, wat Inbillung deit! –

Denn annern Dag fangt dato ok an

Un Trina deit denn wat se kann. –

Bold wör de Wittfro wedder klor

Un ook dat Geld wör wedder dor.

De Dokter köm un freide sick

Un seggt: Na, ja, dat is jo'n Glück!

De Fro meent: Narsch sünd doch de Saken:

En Teinmarkstück harr ick verslaken, –

Wat meent Se woll, wat kreeg ick trügg?

Dree Dahler un een Eenmarkstück!

De Mann verfiehr sick eers nich slecht,

Denn fat't he sick un kreegt noch trecht

Un fragt: Wo old sünd Se denn all?

Ick bün nu fiewunveertig ball'!

Jaja! Denn sünd wi jo in kloren:

Se sünd jo in de Wesseljohren!

Dat Mißverständnis.

Kathrin wör glücklich in'r Stadt

Wo se'n Deenst harr funnen

En lüttje Buerndeern, smuck un glatt

Von baben bit na unnen.

Ook ähre Arbeit däh se geern

Dör een wie alle Wäken

Doch in so'n Ballsaal har de Deern

To geern mol rinne käken!

Kümmt Tied, kümmt Rat. Dat durt nich lang,

Do ward ähr dat ook baden

De Köksche har se bi wägelang

Tom Stiftungsfest inladen.

Un Trina güng denn nu to Ball.

Wat maakt de Deern för Ogen!

Dat danzte dör den hellen Saal

Dat man de Röcke flogen.

As nu een von de finen Herrn

Ran köm, üm se to danz to föhren,

Nä, soväl Glück un soväl Ehr!

Wat flög dat junge Harte ähr!

As se nu dör den Saal spazeeren

Fangt he mit Trina an to kören

Un fragt, wiel he nix klökers har:

„Sehr schöne Toaletten hier, nicht wahr?"

Uns Trina bliwwt verbiestert stahn,

De Mann har woll all'n lütten Fäsen!

Kört seggt se: „Wat geit mi dat an,

Dor bün ick noch nich wäsen."

Anföhrt!

Wat so de rechten Kapers sünd

Hett männig Een woll up'n Strich!

Wat de för Undög maken künnt

Dat geit woll up keen Kohfell nich!

Dull driewt se't faken, dat's gewiß

Un meistens woll mehr groww as fin,

Indessen doch, dat Schönste is:

Man kann jem nich rech' bös drüm sein.

So güng dat mi denn ok'n mal.

Ik slenner so de Straat hendal

Un seh dor, wo de Dokter wahn,

En lüttjen fixen Bengel stahn

De sick den Arm schier ut deit rangen,

He künn nich an de Pingel langen.

Mitleidig gah ick nah em ran:

Na, Jung, kannst Du dor denn nich an?

Nä, segg de Jung, dat kann ick nich!

Ick kiek em in sin frisch Gesich:

Schall ick't denn dohn? Un he seggt „Ja!"

Un ick, ick pingel düchtig to.

Do rönnt de Bengel weg wie dull;

Von wiedher hör ick em noch ropen:

„Nu möt wi aber düchtig loopen

Süß krieg wi noch dat Ledder vull!"

Dat Bispill.

De Köster Harm in Lüttenbeeren

De möß sin Jungs dat Räken lehren

Na, dat was nu nich gor to lich'

De Jungs begreepen eenfach nich.

Do fallt em in sin Not wat in:

He halt'n Pott vull Sand herin

Un nimmt den Sand so in de Hand

Un iwrig seggte': Nu gäbt Acht:

Ich setz' hier einen Haufen hin, –

Nu sweeg he still, – de Jungs de lacht'

Könnt Ihr nich einmol stille sin?

Na, nu paßt auf: Den zweiten Haufen –

Klaus Swenn! Was sünd denn das für Sachen!

Was hast du da herumzukraufen!

De Bengels kugelt sick för Lachen!

Still! Setzt Euch un hört zu: ich mein',

Den zweiten Haufen mach ich rein

In diese Eck; hier dichting bei

Mach ich'n Haufen Nummer drei, –

Nu sünd de Jungs nich mehr to holen,

Dat quietscht un prust't as wie de Dullen!

De ohle Köster is ganz platt;

Nu fohrt he los: Jetzt hab ich's satt!

Jan Wacker! Chrischan Tüht! Klaus Hein!

Was fällt euch Rackers denn blos ein?

Paßt auf! Ich bring's noch fertig hier

Un setz' noch Einen vor die Tür!

Verrückt!

Ohl Vadder Smidt de wör sowied

Jo'n ganzen goden Mann;

Doch männigmol, von Tied to Tied,

Denn flög em dat so an:

He würd vergrellt, denn argert em

De Flegen an'r Wand.

Un, wunnerbor, sin Tostand köhm

Meist nah so'n lüttjen Brand.

Nu harr he in'r Zeitung läsen

Sowat künn woll bi Lütt'

De Anfang to'r Verrücktheit wäsen;

Dat nöhm em hellschen mit!

Dat stünn em gor to gruglich vör,

Stöört em sin beste Tied,

Un immer wenn he führnsch mal wör

Dach' he: Nu is't sowied!

Mal ins, es müß jüß Mahndag sin, –

Mi is dat noch as hüt', –

Do kreeg he mit sin Fro Kathrin'

Mal wedder'n dägten Stried.

Un he, de ohle gode Minsch,

De sowat süß nich kenn',

De ward up eenmal hellschen fühnsch

Un haut'r ährn poor hen!

Un Smidtensmoder steiht ganz stief

Se stähnt: Wat hest Du dahn!

Du hest, – se bäw an'n ganzen Liew, –

Tom eerstenmal mi slahn!

Nu pläg' ick Di all twintig Johr

Un nu büß du so barsch?

Du Unglücksminsch? Mit griese Hor?

Du warrst jo woll noch narrsch! –

Narrsch! O, dat unglücksel'ge Word!

Nu seggt dat all sin Fro!

Smidt dreiht sick um un lööp – lööp foort

Gliek hen nah' Ellen to.

Dor is'n Nervenheilanstalt,

Un twüschen Hus und Dör

Dröpt he dor ok'n Wärter bald

Un bringt sin Sake vör:

„Hier hör ick hen, dat is nu so,

Un hett sick mal so schickt!"

De Wärter sleit de Dören to:

„Minsch! Se sünd woll verrückt!"

Von'n Vagel, de snacken künn.

In Krog, dar seeten se tosamen:

Jan Dierk, Klaus Harms, Hein Köstermann

Un Een, de äben eers wör kamen,

De füng nu gliek to räden an

Von dat, wat he dor up'n Wegg

Hüt in'r Stadt to sehn kreeg:

Dat wör'n ganzen narrschen Kram,

Dor wör an bahnhof mol ne Dam',

De harr'n Vagel, rod un grön,

de wör to snurrig antosehn!

„Dat dullste aber, wat ick fünn

Wör, dat de Vagel snacken künn,

Ja snacken, snacken, lieksterwelt

As wenn'n Minsch Di wat vertellt."

„Och watt, dumm Tügg, Jan Dierck Du lüggs!"

So güng dat denn nu ogenblicks.

„Nä, nä!" seggt nu Hein Köstermann

Dat't möglich is, dat geiht woll an!

Ick hew jo sülwn tohus so'n Deert."

(En lütt Kanalljenvagel wört.)

„Na, nu!" seggt doch Jan Dierck nu ok,

„Du makst nu aber dägten Rook!

We hett denn dat woll all mol hört

Dat son lütt Vagel spräken lehrt!"

„Wat gellt de Wett?" seggt nu uns Hein.

„Ick sett fiew Gröschen!" „Ick wett Tein!"

„Dat will ick Jo doch gliek mol wiesen;

Ick hal den Vagel ut'n Hüsen!"

Un geiht. Un kummt na'n Viertelstünn

Ok richtig mit den Vagel rin,

Un stellt dat Burken up'n Disch

Un seggt: „Lütt Hans, nu mol recht frisch:

Wat rookt din Herr, Zigarr or Piep?" –

Da Vagel seggt warraftig „Piep!"

Jüh, Schimmel!

De Bottervagels flögen

All dör de Fröhjohrssünn,

De Barkböhm, noch so dünn;

Vull Botterblomen wören

De Wischen un dat Land,

De Vagels un de Göhren

De wör'n ut Rand und Band.

An een von düssen Dagen

Seet Jan un Trina dor

Up ähren Ackerwagen

Un föhren sacht nah'n Moor. –

Brr! Mak nu Jan up eenmol

Un höllt den Schimmel an:

„Trina, segg mol, weeßt Du woll

Woans dat togahn kann?

Süh, dat is doch gelungen:

Eers vör fiew lüttje Monat glatt

Do heww wi use Hochtied hadd, –

Nu heww wi all'n Jungen!"

Doch Trina köm nich ut'r Ruh

Se wüß de Sak to dreihn:

„Fiew Monat ick, fiew Monat Du,

dat sünd ja doch all tein!

Wat wullt du denn, du snaksche Lümmel?"

Jan äwerleggt, un fohrs he seggt:

„Jawoll! Dat stimmt! Jüh Schimmel!"

Dat is de Keerl!

De beiden Frünn, Dierk un Jehann

Wör'n mol nah'n Bremer Freemarkt gahn;

Se harrn dor in de Buden käken

Un harrn woll ok mol Ringe stäken

Un harrn jo woll so tämlich dahn

Wat jichtens een verlangen kann.

Na, as dat Spillwark nu to Enn,

Do güng'n se nah'n Ratskeller hen;

Dor schöll jo'n ganzen feinen Wien,

Harr Vadder seggt, to drinken sin!

Doch blos een Buddel harr he seggt,

Denn mehr beköm jem doch man slecht,

Se künnen sick süß äwernähmen

Un wörn am Enne duhn in Bremen!

Doch bi een Buddel bleew dat nich,

Ähr Vadder wör wat ängsterlich,

Meent Jan: „nä dat möt ick gestahn,

De Wien de hett mi gornix dahn!

Dat Tüg's dat drinkt sick jo as Water

Dorvon krieg wi noch lang keen Kater!"

Na, se bestellt sick Nummer Twee

Ut twee ward bald nu Nummer dree.

As se rutkömen, meiner Seel'!

Wat wörn de beiden Jungs fideel!

Up eenmal seggt Dierk to Jehann:

„So bliew doch endlich mal bestahn!

Du wackelst dor ja hen un her

As wennt'n ohlen Kohsteert wör!"

Ick wackel? Minsch, ick stah ganz still!

Weet ick denn wat dat heeten will?

Nä, süh Dierk, wat dor wackeln deiht,

Dat is de Roland, de dor steiht!

Un all de Hüser hier herüm

De dreiht sick jo woll üm un üm!

Kiek man mol hen, de danzt jo all,

As wörn se up'n Maskenball."

Dierk mark dat ok, sä aber nix,

de Roland mak em grad'n Knix.

Nu stünd dor an'r Eck een Mann

Dat wör een von'r Füerwehr

De güng nah so'n Hydranten ran

To sehn, off allns in Ordnung wör,

Un dreiht dat Ding in'n Wuppdiwupp

Jüß mit sin groten Slötel up.

Us Dierk kreeg dat toerst to sehn

Un füng nu bannig an to schreen:

„Dat is de Keerl! Kiek, kiek Jehann,

Nu dreiht he grade wedder an!

Up em! Dat wi em gau verneiht,

dat is jo de vermuckte Keerl

De us den ganzen Mark verdreiht!"

Se willt em nich begraben.

In Weertshus in'r Schummerstunn

Seet dor de ohle Stammtischrunn',

Do köm denn ok de Snider rinn,

De ümmer harr so'n Knäp' in' Sinn.

He hangt sin Hot hen an de Wand

Un giwwt denn Jeden still de Hand

Un sett sick eernst un fierlich hen.

„Na, Snider, segg, wat hest Du denn?"

Fragt nu sin Nahber Geerd.

De Snider seggt: „Hewwt Ji't all hört?"

Den Lüttjebuhr in Hüsenhaben,

Wo heet he noch?

Ji kennt em doch, –

Den dröst se jo nu nich begraben!"

„Nanu?" seggt Geerd. „Worüm denn nich?

Hett de denn so unchristlich läwt?

Hett he so stark an Buddel kläwt?"

„Och nä, he dä jo good sin Plich

Un güng ok Sönndags geern to Karken."

„Na", röppt nu Jan, „dat is doch starken!

Nä, dat verstah, wer kann, ick nich!"

Un us ohl Schultenvadder seggt:

„Hett he woll sülwst Hand an sick leggt?"

„Nä, dat hett he jüß ok nich dahn!"

„Jä, denn is dat nich to verstahn,

Denn is dat doch'n Slechtigkeit,

Dat man en Minsch, de nix nich deit

Als sine Plich so in'r Still

Afslut nu nich begraben will!

Wo hangt denn dat woll blots tosamen?"

„Och," sä de Snider, „wo schöll't kamen" –

Steit up un langt nach sinen Hot, –

„De Mann is jo noch gornich dot!"

De dumme Frag'

Nah Oldenburg köm ick eenmal

Un slenner dor de Straten dal

Un keek mi dor in frömden Lann

De Hüser un de Garens an.

As ick nu jüß will weddert trugg,

do kummt dor nu'n Liekenzugg.

Een groot Gefolge, vörnehm, fin,

Dat möt wat ganz Besonners sin!

Am Enn' von'n herzoglichen Hoff,

Am Enn' en Eddelmann, en Grof?

Do löppt dor'n Jung mi in de Quer,

Ick roop em an: „Kumm doch mol her;

Wer ward denn dor wegdragen?"

„Schapskopp! De dor in'n ersten Wagen!"

Recht hett'e.

In Oslebshusen, dich bi Bremen,

Dor is jo doch de Strafanstalt.

De mol no Borg herutekeemen,

De seegen se bi wäglang bald.

Mol köm so'n Stratenbahnerwagen

Ok wedder jüß daran vorbi.

Do hör ick mal'n Fremden fragen:

„Was dat för'n Hus, dat seeg ick nie?"

Do segg dor Eener, de dat kenn:

„Dor kommt jo all de Spitzbuben hen!"

„Nähää! Lacht dor Een „all nich! Süh,

De meisten föhrt doran vörbi!"

De Affsprung.

Us' Jan von'n Moor, den kennt Ji doch?

He wör bi Jo in'n Harwste noch,

Un hett Jo doch, as he mi seggt,

Noch sülbn 'n Fooer Törf herbröcht.

Ja, mit sin Wagen güngt' ganz glatt.

Nu möß he wedder mol tor Stadt,

Doch dütmal köm per Bahn he her,

Will sin Geschäft wat ilig wör.

Un in'r Stadt, dat kann drup stahn,

Nimmt he ok mol de Stratenbahn.

Dat wör em noch wat ungewennt,

Will he süss blos sin Wagen kennt.

Dütt Ding, dat sus' jo an den Draht

Entlang, dat wör jo'n reinen Staat!

Dat duerde man'n Ogenblick,

Do wör' he an'r Kaiserbrügg!

Hier möß he rut. Jan springt nu aff,

Un springt verkehrt, in vullen Draff

Un stört't un sett sick pieplings nedder,

Ganz dägten up sin Achterledder.

„Schapskopp!" röppt bös de Schaffner do,

„Wat springst Du nich na vören to!"

„Ick will mi wohren, hol de Snut!"

Seggt Jan, „dütt hol ick bäter ut!"

De Dönnerslag.

Kennt Ji so'n heeten Sömmerdag

In Juli woll, so up'n Land?

Dat sick keen Minsch mehr rögen mag,

De Feller liggt as wi in'n Brand?

So'n Dag wör dat ok hüte wäsen,

Man seeg de Luft jo förmlich gläsen.

Na meistens kummt nah so'n Dag

Des Nahmdags denn'n dägten Krach.

So wört ok hüt; so hento veeren,

Do fangt dat an to rummeleeren.

Bald geewt den ersten Dönnerslag!

„Oguttugutt!" röppt Mudder Klöhn,

„De Jung sitt jo noch up'n Böhn!"

„Hein! Hein! Us Herrgott hölt Gerich!

Dat dönnert all! Hein! Hörst du nich?"

„Watt schall ick denn? Lat mi gewehren!

Dat kann ick hier väl bäter hören!"

Wokeen kann't bäter?

Dat dröppt sich woll, dat ick von'n Lann'

Besök mal krieg so aff un an;

Ick gah denn, as ick't schüllig bünn

Geern mit jem in de Stadt herin,

Wo ick wat Nee's jem wiesen doh,

Dat ännert sich jo ümmerto.

Nah, as wi wedder mal so gahn,

Bliew ick vör'n Bökerladen stahn

Un kiek mi dor de Biller an.

Ick kreeg nu minen Fründ Jehann

Bi'n Arm un segg: „Kiek hier mal snell,

Dor hangt jo'n Bild von Rafael!

Dat wör'n Maler, riesengrot!" –

„Wo wahnt de denn?" – „De's lang all dot!

De könn mit eenen Pinselstrich

En nüdlich lachend Kinnergesich

To'n ganz wehleidig maken!

So'n Minsch, den giww't nich faken!"

Min leewe Jan kicket groot mi an:

„Och wat! Wör dat denn gar so väl?

Ick kann't mit'n eenfachen Bessenstähl!"

De Peerköper.

Klaus Meyer achter'n Weiherbarg

Den wör'n Peerd ingahn,

Will he't nu good versichert harr,

So harr em dat nix dahn.

Nu woll he denn nach Bremen hüt,

Wo grade Peermark wör,

Fründ Jan sin Törfschipp nöhm em mit,

Dat jüß nah Bremen föhr.

Se kömen denn ok tiedig an

Un füngen gliek to söken an,

Un bald harrn se wat funnen:

En staatschen, glatten Brunen.

Na, nu güng denn dat Hanneln los,

De Hannelsmann woll to väl Moos,

Doch use Klaus dat is'n Kenner,

Un ünnersöcht eers good sin Renner,

Wil he'n Fähler finnen wull,

Un keek em gliek in Näs' un Mul.

Wildeß geiht Jan nah achtern noch

Un höllt dat Peerd den Swanz mal hoch.

Klaus röppt: „Wat wüllt Du dar denn lehrn?

Kumm hier nah't Mul man lewer här!"

Jan seggt: „Ick dacht, Du keekst ganz geern

Ok mal so dör dat Peerd hendör!"

Drehunnert Ossen.

An'n Stammtisch seeten wedder mal

De Buern so tosamen,

De Slachter, de so geerne prahl',

Wör ok jüß dortokamen.

Se reden datt, se reden dütt

Un väl von slechten Tiden,

Hütdags künn ok jo keener mit,

Klagt würd von allen Siden.

Blos use Slachter de seggt: „Nä"

Un kümmt in sin Upsniederee:

„Wat Ji ok all to stöhnen hewwt,

Ick harr letzt Johr en grot Geschäft,

Man möt dat blos verstahn!"

De Buern kiekt all so nah em hen

As: Tjä, wer di wat glöwen könn!

Un he fangt wedder an:

„Blos eent, dat hett mi argert noch,

Ick heff – min Böker wiest dat doch –

Dat letzte Johr an Ossen slacht't

Twehunnertnägenunnägentig Stück,

Een mehr – denn harr dreehunnert ick!

Nä, dat'n ok so dämlich is!

Harr ick doch blos noch Eenen slacht't!"

Nu kümmt to Höchten Vadder Blanken:

„Minsch! Minsch! Man jo keen
Selbstmordgedanken!"

He weet dat bäter!

Maidag is't, un dat bleiht und freit

Sick äwer dat, wat kamen deit,

De Lewarks ünnern blauen Häwen,

De singt vör luter Lust an'n Läwen,

Un äwerall liggt Sonnenschien,

Kannt jichtens woll noch schöner sin?

Wat Wunner, dat nu ok dat Hart

Von so'n lütt Buernjung anners ward.

Hans driwwt blos Keih för sinen Buur,

Is man'n Jung, 'n dünnen slanken,

Doch makt he öwer de Natur

Sick hüt so allerhand Gedanken.

Dat is jo wahr, dat wör woll schön

In'n Vörjohr so mit antosehn,

Wo allens köm so wedder dör, –

Jedennoch, – wenn he't wäsen wör,

He würd doch Väles anners maken.

All mit de Vagels wörn't so Saken:

Worüm köhnt de alleen denn flegen,

Worüm de Keih nich un de Zägen?

Doch as he nu'n Stück wieder geiht,

Dor ünnern Eekboom stille steiht

Un grüwelt wieder äwert Läwen

Un kickt jüß wedder mol na'n Häwen, –

Klacks, fallt em dor wat in't Gesich.

Natt un ok warm, schön was't jüß nich!

Un ut'n Boom dor flög'n Kreih.

Hans seggt, un kickt up sine Keih:

„I, dor dacht ick nu gornich an;

Good, dat de Koh nich fleegen kann!"

Dat is keen Kunst.

Jung! Jung! Wat sühst Du wedder ut!

Ganz swatt büst Du jo üm de Snut!

Wo büst Du nu woll wedder wäsen!

Dat is jo lieksterwelt t'um Gräsen!

Nu stell di ok man noch so an,

Dat ick Di jo nich waschen kann!

Na endlich! Endlich! So, süh so!

Nu smär Di nich glieks wedder to!

Doch tööw, ick möt Di jo noch kämmen; –

Et schöll mi gornich Wunner nähmen,

Wenn min ohl Bengel ludhals schreit,

Wil em sin Moder kämmen deit!

Dor geit't all los! Nu rohr' un rohr'!

Du büss'n lüttje Rackerwohr!

Nu hör doch up! Swieg endlich still!

Hörst Du woll mal, dat ick so brüll,

Wenn ick mi mal de Haare make? –"

– „Dat is jo ok'n anner Sake!

Dat is keen Kunst!" seggt Jöching Pagel;

„Du hangst Din Flechten ok an'n Nagel!"

De Regelir-Aben.

„Du Hinnerk", seggt de Buerfro,

„Us Aben ward all wackelig,

De höllt jo woll de Füürung nich;

Du föhrst nach Bremen sowieso,

Kiek doch bi Wäglang mal mit to,

Wat man nich dor een billig krigg!"

Un Hinnerk mak sik up'n Draff,

He läwert sin Föhr Buschwark aff

Un geit denn mit'n Geldgewinn

Gliek mal bi'n Isenkramer rin. —

„En Aben? Ja hier steiht een prat:

Dat segg ick Se, dat is'n Staat!

Een, de sick fast von sülben füürt

Un sich selbsttätig reguliert;

Dar is'n ganzen Wunnerboren,

De deit de halbe Füürung sporen!"

Wat? Sporen? Süh, dat wör so wat!

Us Hinnerk köfft den Aben glatt.

He kümmt denn ok tohuse an,

Vertellt sin Fro, woans dat gahn,

Un dat se nu gewiß nich froren

Un noch de halbe Füürung sporen.

Sin Fro, de ward vör Wut ganz witt:

„Du büss'n ohlen Drömelbart!

Wat bring'st nich gliek twee Abens mit,

Denn harrn'w de ganze Füürung sport!"

De Bananen.

Jan wör mal wedder in'r Stadt,

Beseeg sick dor denn dütt un dat

Un güng nu in'n Laden rin,

N' paar Bananen schölln dat sin!

„Ja, so as de, de sünd schön dick,

Na", fragt Jehann, „Wat gellt dat Stück?

Tein Pennig!! För de lüttjen Dinger?

Sünd knapp so lang man as min Finger?"

„Dat helpt nich, anners geit dat nich!"

„Nä, dat's denn doch to kostspielig." –

„Denn nähm'n Se dree Stück von de Besten,

De schöllt denn Fiewuntwintig kösten!"

„Giww mi man", seggt us Jan tolest,

„De drütte, de fiew Pennig köst't!"

Jan schall uppassen.

„Jan!" röppt de Moder ähren Sohn,

„Ick mot mol gau nah'n Koopmann hen,

Nu paß mal up'n Ogenblick,

Ick bün ok gliek denn wedder trügg;

Un, Jan, dor in'r Dönzen baben,

Dor hangt en Handook an'n Aben!

Wenn't drög is, nimmst du't äben aff."

Dormit sett sick de Fro in'n Draff.

Na, Wiewer un ok junge Deern,

De staht to fläern gor to geern, –

Eers nah'n goode Verdelstünn,

Do kümmt se endlich wedder rin.

Un Jan, de frög:

„Wenn't Handook brun ward, is't denn drög?"

Dat Versehen.

De Fro von Köster Sötebeern,

Dat weer jo süss 'ne goode Deern,

Blos dat se dat sehr äwel nöhm,

Wenn he to lat nah Huse köhm.

Denn kreeg he gor to dull sin Schelln,

Se leet denn keen Begöschen gelln.

Mal ins, dat wör Sünnabend west,

Do harr he bi'n Geburtsdagsfest

Jo doch mol'n bäten lange säten

Un ganz de Tied dorbi vergäten.

De Klock slög dree, he köhm nah Hus,

Un sleek so lisen as'n Mus

Dört Hus un dör de Kamerdör

Un freide sick as he dor wör,

Un dat noch gornicks dä sick rögen.

Knapp harr dat Tüg he rünnerkrägen,

Do wakt sin Fro up, sütt ähr'n Mann

In'n Morgenlicht an'n Bedde stahn

Un seggt: „Na, wat fallt Di denn in?

Wat wullt Du denn all so geswinn?

T' is jo eerst dree un Söndag hüt!

Wi hewwt jo doch noch masse Tied!"

He seggt: „Och so! dat is jo schön,

Denn heww ick mi jo woll versehn!

Denn slap man wider, leewe Jett!"

Un leggt sick stilkens gau to Bett.

Dat Gebät in'n Watergraben.

Dat wörn starken Abend wäsen!

De Vullbur Lühr in Lüttenpohlen,

De harr mal wedder Kindöp holen,

Denn güng dat ümmer hoch dor her.

Un Jochen, de ok bäden wör,

De harr denn nu'n dägten Fäsen.

Na, as he nu nah Huse büster,

Do wör dat jo ganz stickendüster,

Knapp, dat he man den Wegg noch fünn'

So an de Bööm lang, de dor stünn'.

Un gor to lange duert dat nich,

Do kümmt he mal ganz ut'r Rich,

Un as he nu will wieder draben,

Bums! Ligg he deep in'n Watergraben!

„O, help mi! help mi! Kinner, Lü!

Nu geiht jo woll to Enn' mit mi!"

Doch wied un sied is keen Minsch wäsen.

Em packt de Dodesangst, dat Gräsen!

„Och leewe Herrgott", bäd he noch,

„Help mi dütt eene Mal blos doch!

Ick krieg ok ganz gewiß keen Fäsen,

Wenn wedder mal deit Kinddöp wäsen!"

Dat helpt denn ok, nu fat't sin Hand

N' lüttjen Strunk un he föhlt Land.

Knapp meent he sicher sick vörn Dot,

Do kümmt ook glieks de Aewermot:

„Och leewe Gott, harrst' dat nich wullt,

Denn harrst' jo ok man laten schullt!"

Bums! reet de Strunk, un Jochen Brühn

Rutscht wedder deep in't Water rin:

„Helpt, Lüe, helpt, och leewe Tied,

Nu is dat ganz gewiß sowied!"

Na, sließlich krabbelt he doch rut

Un brickt denn gliek mit Schell'n ut:

„Och, leewe Herrgott, blos deswägen?

Du kannst ok gorkeen Spoß verdrägen!"

He hett jo Tied.

Lür Harmßen köm von Varel her

Nah Oldenburg, wo Peermark wör;

Sin ohle Bleßten güng bald dot,

De kreeg all lang dat Gnadenbrod.

Nu woll he dor 'n annern kopen

He harr doch leber twee'e lopen. –

Dat duerde ok keen halbe Stünn,

Dat he dor ok'n Voß all fünn,

De nich to jung un nich to old

Un nich to heet un nich to kold

Un ok jo woll nich all to dür, –

Kört jüß'n Voß so för us' Lür.

Do ganz up't Lest do frög he denn

Off ok de Voß woll lopen könn?

„Na, de löppt ganz gewiß nich slech,

De löppt wie'n Hase!" seggt de Mann;

Föhrst Du hier üm Klock veeren weg

Kümmst all Klock säb'n in Varel an!

Doch Lür de dreiht sick üm un swigg

Un geiht. De Händler roppt em trügg:

„Na wullt Du denn nu nich dat Peerd?"

„Nä!"

„Is dor denn noch wat an verkehrt?"

„Nä!"

„Is Di't to groot? Is Di't to lütt?"

„Nä!"

„Denn is't am Enn Di doch to dür?"

„Nä!"

„Den Deuker! Wer versteiht denn dütt?

Dat möt ick seggen, Vadder Lür

Du büß jo'n ganzet snaksches Hohn!

Worüm denn nich? Nu segg doch mol!"

„Och", seggt us Lür, „wat schall ick woll

Klock säben all in Varel dohn!"

Dat is ähr lewer.

Fro Amtsrichter Bütemann güng ganz gern

Mal ünner de armer Lü'

Un wo se noch to helpen wörn

Dor sprüng se jem ook mol bi.

Doch füng se't woll faken nich richtig an

Ähr Totroen gliek to gewinnen.

Nich geern mag beduert sin de arme Mann

Un güng he ok all in Plünnen.

Mal dröp se, as se so spazieren geit,

Ne' lüttje armselige Fro,

De ümmer sick bückt un Holt söken deit, –

Un güng denn ok glieks dorup to.

Un seggt: „Lüttje Fro, se hewwt et woll suur

Un möt woll Ähr Brot swer verdeenen?"

Na, de richt' sick up un antwort' ganz stuur:

„Ach ja, dat will ick woll meenen!"

Fro Amtsrichter frög wider: „Wat is denn Ähr Mann?"

„Min Mann is Daglöhner bi'n Buern!" –

„Daglöhner blos? Dor sünd Se slimm dran!

Och Gott, wat deit mi dat duern!"

De Daglöhnerfro de kickt se grot an

Un makt'n ganz spitze Näsen:

„Nu seggn' Se doch mol, wat is denn Ähr Mann?"

„Min Sel'ger? De's Amtsrichter wäsen!" –

„Süh so! Un dor bedurt Se mi noch?

Hewwt Se dat denn woll väl lichter?

Mi is'n lebennigen Daglöhner doch

Väl lewer as'n doden Amtsrichter!"

De Unnerscheed.

„Den Deuker! Wat hest Du denn Jan?

Kümmst mit'n hogen Tüüt?

Un hest den swarten Kleedrock an?

T'is doch keen Sönndag hüt!

Wo geiht dat to? Wat is'r denn?"

Och seggt Fründ Jan verlägen,

„Ick möt woll mal nah'n Paster hen

Wi hewwt'n Jungen krägen!" –

„Süh! Süh! Denn nimm Di man tosamen,

De Paster ward woll schelln!

De Jung, de is to fröh doch kamen,

Datt lett he Di entgelln!" –

„Och! wat versteit so'n Junggesell!

Du warst doch bi us Pate?

Süh! Use Jung köm nich to snell,

De Hochtied wör to late!"

Dat Rätselraden.

I.

Wenn Fierabends Grot un Lütt

Un Jungs un Deerns tosamen sitt't

Un geit mal ut de Faden

Denn kümmt dat Rätselraden.

Na, eenes Abends hör ick to

Do köm dat denn mol wedder so:

Bold heet dat ook: Wer weet noch een?

Dor achtern meldt' sick Hinnerk Spreen

Seggt: „Oben spitz un unten breit,

Dör un dör vull Süssigkeit!"

„Ick weet et!" Röppt glieck Schulten Brün:

„Dat kann doch blos us' Meßhop sin!"

II.

En annermol bi'n Rätselraden, –

Dat wör bi'n Ellernbur in Zeven, –

Do harrn se mi ook mol inladen

En Rätselfrag jem uptogäwen.

Na, ick föhl mi denn nu as Mester

Un segg: „Paßt up, wer dat woll find':

T'is nich min Broder, nich min Swester,

Un is doch ook min Vader sin Kind!"

Doch keener künn dat Rätsel raden.

„Dat is so licht jo as'n Fladen,"

Segg ick; „Nä, dat dat keener weet!"

„Ja," seggt ohl Klüht, „dat is wat neet,

Ick kann jo woll good raden süß,

Bi dütt weet ick nich hen noch her!"

„Ja", seggt lütt Fiken, „ja, ick wüßt',

Wenn't man'n Spierken anners wör!"

„Ja, dat is denn woll," – seggt ohl Klenn,–

(He köm'r meist man half mit hen.)

„Na, denn hört to! Kennt Se't nich, Köster?

T'is nich min Broder, nich min Swester,

Un is doch ok min Vader sin Kind!

Dat is doch so eenfach: Ick selber bün't!"

Na nu geewt bi Allen jo väl Gegrien:

„Nich Broder, nich Swester, min Vader sin, –

Jawoll, dat stimmt, kümmt richtig ut!"

„Dat is he sülm!" Seggt Vader Kluth,

„Dat is doch glatt! Dat möt wi b'holen,

Dat schall lütt Jan glieks wedderholen!"

Lütt Jan fangt an:

„Nich Broder, nich Swester, min Vader sin,

Wer weet wokeen dat wäsen kann?" –

„Dat büß Du sülm, ja, ja, lütt Jan!" –

„Falsch!" Röppt de, „Dat künn Jo bequemen!

Dat is de Unkel doch ut Bremen!"

De Drucksake.

In'n Moor dor wör en Postamt kamen,

Dat würd denn bald in Anspruch nahmen.

Sowat sprickt sick in'n Moor herüm,

Nah'r Stadt dat wör meist to wied üm,

Dat durt nich lang, un Jeder weet't.

Mal ins bröcht Jan'n groot Packet,

Drucksache! Stünn dick upgeschräwen,

Datt woll he glieks tor Post mitgäwen.

„Dat geiht jo nich, min leewe Mann,

As Drucksak nähm ick dat nich an!" –

„Na nu?" Seggt Jan, „Worüm denn nich?

Dat sünd Drucksaken! Sicherlich!" –

„Ach watt, dumm Tüg, Wat fallt Jo in?

Wat hewwt Ji öberhaupt dorin?" –

„Dorin? Dat sünd min ne'en Stäwel,

De schick ick trügg nah Schoster Knäwel!"–

„Na, Stäwel sünd doch keen Drucksaken!

Dor möt't Ji en Packet utmaken!" –

„Keen Drucksak? Na, ick danke schön,

Se schölln min Höhneroogen sehn!

Dat Slachten.

Wenn up'n Dörp mal slacht' weern schall,

Giwwt dat'n hellschet Läwen!

Dor ward denn ganz fröh Morgens all,

So allerhand bedräwen.

Bi Kohrßen Vadder schöll jo denn,

De brune Koh dran glöwen,

Se wör to old, güng doch bald hen,

Wenn se noch lange töwen.

Nu wör dat dor all lange so,

Dat denn de Slachter kloppe,

Un köm denn ut'n Stall de Koh,

Kreeg glieks se een'n an'n Koppe.

Dütt Mal köm aber nu de Knecht,

Em gliek toerst entgegen,

Kriggt mit de Aext un dat nich slecht,

Nu mächtig een'n an'n Brägen!

De Annern dähn sick bös verfeehrn,

Un glöwt, dat jem de Deuker narrt;

Jan seggt verdutzt, un riwwt de Steern:

„Minsch, dat harst ok nich nödig harrt!"

De billigste Platz.

In Bremen so to'r Freemarkstied

Denn kamt de Lü von wied un sied

Dat Spillwark antokieken.

So kömen denn ok hüte mit

Claus Petersen un Jehann Smitt,

En bäten rümtostriefen.

Herrjeh! Wat wör dor all to sehn!

Ja, ja! Son Markdag wör woll schön,

Hier könn'n wat erläwen'!

So kömen se bi wäglang denn

Ok nah son' Art Museum hen

Wat ward dat dor woll gäwen!

Un vör de Bude steiht'n Mann:

„Meine Herrschaften! Immer heran! heran!

Hier sehn Sie den Zulukönig!

Das kleinste Pferd, die größte Katz

Und 20 Pfennig nur jeder Platz!

Der Katalog nur 10 Pfennig!" –

Un Klaus, de stött sin'n Nahwer an

„Dor möt wi rin, wat meenst, Jehann?

Dat schient mi noch am besten,

Nich wohr? Jehann? Minsch, rede doch!

Wi gaht blos up den Katalog,

Dat kann den Hals nicht kösten!"

Woto?

Wer dor so in'r Feerjentied

Mal irgendwo, – ist ok nich wied, –

Upt Land in Sömmerfrische geiht,

Weet faken ok nich, wat he deiht!

Vör allen kann man gornich wäten

Wat man dor allens kriggt to äten!

Min Fründ harr sick mal inquarteert

Un harr jo ok 'n netten Weert; –

En richtig Buern-Strohdackhus –

Schön still, – man hörde knapp'ne Mus;

Mit Koh- un Swienstall, Meßhoop dran,

Dor fehlde sick ok nix nich an!

To äten, wat 'n hewwen wull

Un Melk, glieks ganze Setten vull.

Doch ganz besonners wör em leew

Datt't hier dat Buernswattbrod geew.

Nu köm min Fründ denn mal dorto,

As backen woll de Buernfro,

Un süht, dat se an't Backen geiht

Un sick nich erst mol waschen deiht.

Se köm jüß ut'n Kohstall rut,

Ähr Hänne seggen nüdlich ut!

He seggt ähr dat. Se lacht: „Woto?

Dat süht jo keen, dat's Swattsbrod jo!"

De Belohnung.

Son Paster up'n flachen Lanne

De hett so manchet uttostahn,

Dor kümmt so Väles an em ranne,

Mit Reden is't nich ümmer dahn.

Mal kümmt he nah den Schoster Winner,

De klagt em denn nu sine Not,

He wör alleen mang all de Kinner,

Sin Fro de wör 'n Jahr all dot.

„Ja," seggt de Paster, „lieber Mann,

Sie sollten doch noch wieder frei'n,

Denn wären Sie doch besser dran,

Die Kinder kriegen denn auch ihr Recht."

„Och," seggt de Schoster, „da's man slech,

Mich nimmt jo man so leich keinein'!"

„Ja," seggt de Paster, „mit fünf Gören!

Doch will ich mal herum mit hören." –

„Och, wenn Se dat tostanne raken,

Will ich Se'n poor feine Tufeln maken!"

Schön! sä de Paster denn un güng. –

Nah'n Tiedlang em dat ok gelüng,

Un Schoster Winner, hartensfroh,

Kreeg richtig sine tweede Fro. –

Nah'n halw Johr köm de Gottesmann

Mal wedder bi den Schoster an,

„Zu sehn", segg he mit fründlichen Lachen,

„Was denn wohl meine Pantoffeln machen?"

Doch Schoster Winner keek eers mal rund,

Leggt denn den Finger an'n Mund

Un flüsternd seggt de arme Mann:

„Herr Paster, nähmen Se't man nich äwel,

Ick mak Se geern poor lange Stäwel,

Wenn ick dat Wiew wedder losweern kann."

Dat Pruuschen.

Bi Dr. Quick, en forschen Mann,

Bekannt dör sine goden Kuren,

Köm eenes Dags mal Wackers Jan,

De wör doch würklich to beduern.

Denn off he nu'n Snäwe harr

O'r off sin Näs em blos so tarr:

De Keerl köm doch nich ut'r Stä'.

„Herr Dokter, – Ppschüh! Ick, ick, – Ppschüh!

Möt jümmer, – Ppschüh! p'pruuschen, – Ppschüh!

Dat geit denn, – Ppschüh! – so mit mi dör!

Ppschühüh! Och Gott! Ick kann nich mehr!"

De Dokter kickt den armen Mann

Dör sine Brillengläser an:

„Dat möt wi denn doch bald verdriewen!"

Un deit em Rhizinusöl verschriewen.

Bin Dokter glieks den annern Dag

Is use Jan. De Dokter lach:

„Na, is dat Pruuschen ganz to Enn?"

„Och, leew Herr Doktor! W–Wag ick't denn?"

Cord möt sitten.

Cord Meyer wör Grotknecht bi'n Buern

Un'n Grotsnut wör he noch darto,

Dat gew doch keene Prügelee,

De nich us' Cord mitmaken däh.

Nu dröp sick dat denn mal ins so

Datt dütt em düchtig däh beluern.

He wör dor eenes Dages kamen

Mal mit'n falschen Keerl tosamen

Un haude denn'n in sine Wut

Man glieks son' halw Stieg Tähne ut.

Na denn'n würd de Geduld nu rieten, –

He künn ook ohne Tähne bieten, –

Güng an't Gericht mit sine Klage.

Un Cord verteidigt sick: „De Mann

De rönnde sülm mit sine Snut

So an min Fuust, do wör dat ut,

Dor bün ick ganz unschüllig an!"

De Richter sä blos: „Veertein Dage!"

Un Cord de stünn dor as'n Dummen,

Fullt em ok suer, he möß nu brummen,

Un Cord de seet un seet un seet

Un dacht an't Huus und an sin Greet;

Indeß, wat schöll he dorbi dohn. –

Na eenes Dags to'r Inspekschon

Köm de Direkter, Herr von Witten,

Us Cord de bliwwt ganz ruhig sitten.

Den' Herrn stiggt dat gliek in de Kron',

„Warum stehst Du nicht auf, mein Sohn?"

Cord seegt ganz ruhig: „Herr von Witten,

Ick möt jo 14 Dage sitten!"

De lüttje Slüngel.

In so'n lütt Dörp, dat is gewiß,

Dor markt'n eers, wennt' Sönndag is.

Dor liggt denn Allns so still un leew,

As wenn dat gorkeen Arbeit geew,

Un dröppst Du mal een up'n Padd,

Hett he ook dat Gesangbook hadd.

De Dählen is so blank un klor,

Du findst nich mol'n Strohhalm dor;

De Dönzen fin mit Sand bestreiht,

T'is Sönndag, wo'n geit un steit! –

Dat wör mol so an Nahmdags-Tied,

Rund üm den Disch seet Groot un Lütt,

De Disch mit Linnen sauber deckt,

Dat ok de Sönndags-Koffee smekt, –

Un wör'n nu All so rech dorbi.

Do grippt lütt Jan woll mol vörbi

Un, – schade drüm, –

Stött he sin Koffeetassen üm!

„Jung! Jung! Du büst'n ganzen Slüngel!"

Schellt nu de Ohlsch. – „Son Rümfohrwarken!

Dat nee'e Dischdook! Ohle Klüngel,

Du büß warraftig doch'n Farken!"

All sünd se still, blos Jan de lacht. –

„Paß up: Gliek kriggst Du noch'n Dracht!

Wat lachst Du noch, Du Galgenswengel?"

„Ja!" lacht de näsewiese Bengel:

„Ick bün, schall ick'n Farken sien,

Dat Lüttje von twee ohle Swien!"

Dat is't jo man.

„Süh so!" seggt Lür to Fischers Jan,

„Nu kann dat hageln, wat dat will,

Un wenn dat Steene hageln schüll,

Dat gellt mi allens nix mehr an!

Ick bün versichert for dütt Johr!

Un bün mit düssen Krom nu klor."

„Ja, ja!" seggt Jan, „dat is gelungen,

Wat giwwt doch allens in der Welt!

Ick heww twee Füer-Versicherungen,

Dat anner grippt to stark in't Geld!"

„Du büst'n Kreih! Minsch, hör mol to,

Wenn ick Di dat doch seggen soh:

Denk Di, Du hest'n Roggenslag,

De steit in'n ganzen doch man swach,

Dor ward sin Läwe nix mehr von,

Du hest Din Bestes doran dahn.

Up eenmal sleit de Hagel in.

Den Rest, den ward de Deuker halen,

Du aber strickst din Geller in,

Denn de Versicherung möt't betahlen,

So bringt Di dat denn noch Gewinn.

Nä, dat's wat Good's, dor stah'k vör in!

Dat schöst Du doch ok mol wagen."

„Ja", seggt Jehann, „In so'ne Lagen", –

Un kratzt sick achtern Ohr verdraten,

„Tjä! Kannst Du't denn ok hageln laten?"

En Mißverständnis.

Min ohl Fründ Lür ut'n Trupermoor

De wör jo nu mal wedder dor,

Un wi güng'n na so'n lüttje Stünn

En bäten in de Stadt herin

Un köm'n ok an'r Post vörbi,

Dor, wo de Gustav Adolf steit

Un jüß so deit

As off he sinen Jagdhund fleit't:

„Hier kümmste her, dat segg ick Di!"

Do köm Fründ Lür dat in'n Sinn,

He woll mol in de Post herin,

Sick dor'n poor Marken mittonähmen,

He woll doch schrieben mal ut Bremen.

Wi gaht denn rin. Ick denk bi mi,

Vörsicht is good un schadet nie!

Un wies em dor denn gliek twee Biller,

Twee von de blaumalljerten Schiller:

„Nicht auf den Boden spucken hier!"

Argwöhnschen kickt mi an Fründ Lür,

As dacht he: Wat's dat för'n Geklöhn!

Dann makt he sine spitze Snut,

Pitsch! Speet he wie gewöhnlich ut:

„Dumm Tüg! Wer speet woll an den Böhn!"

Anföhrt.

To Enne güng dat mit den Roggen,

Dat Meiste stünn jo all in Hocken,

De Feller wören binah rein,

So'n Julidag un Roggenmeih'n!

Wat wör dat heet! Wat wör dat heet!

De Lüttknecht Jan de sweet' un sweet',

Dat lööp em von de Backen dick;

Nu köm jo woll dat letzte Stück.

Un knapp leggt he de Seeßeln dal,

Fangt an to plastern up eenmal,

As wenn dat woll mit Kannen gööt,

Un allens nu versupen leet!

Us' Jan krööp snell in'n Hocken rin,

Von de, de dor all farig stünn'.

Doch lange höllt em dat hier nich,

De Hocken wör jo gornich dich'.

He krööp nah'r annern Side räwer,

Nah'n tweeten Hocken gegenäwer,

Un knapp wör he dor glücklich rin,

Krach! slög dat in den ersten in!

Na, mit den Hocken wör dat ut,

Dor slögen all de Flammen rut,

De nix mehr öwer leeten.

Ut sinen Hocken keek de Jung

Un makt den Blitzen lange Tung,

„Etsch! Anföhrt! Hier hett'e säten!"

Ordnung möt sin.

„Hein!" Röppt de Mudder, „kumm mol her,

Din ohlen Holschen gaht nich mehr,

Datt kann'k nich mehr mit ansehn!

Wenn Du Di nu in Acht nimmst good,

Dat se nich gliek wer'r twei gahn doht,

Denn kannst de Nee'n antehn!"

Lütt Hein, – nä, wat de Jung sick frei, –

De sprüng herum as wie'n Krei,

Glieks güng he up de Straten;

Dat em in sinen neen Glanz

Ook alle Lüe sehn, woans

Em dat nu woll würd laten.

Dor achtern wör'n Waterlock,

Us' Hein besunn sick nich un trock

Gau ut de ne'en Holschen:

„Süh so! Nu bliewt se doch schön rein!" –

Un up sin Socken deit lütt Hein

Gau dör dat Water polschen!

De Courage.

Klaus Harm, de Smitt, de is' in'n Dörp,

Bekannt vör't Knäpemaken,

In'n ganzen Kreis vertellt man sick

Von sine dullen Saken.

Am meisten makte em dat Spaß,

De Stadtlüe to beluern,

Un wo he dat man jichtens künn,

Dor höll he se vör'n Buern.

Mal ins, Harm stünn jüß vör sin Dör

Un har en Peerd beslagen, –

Do köm to em so'n fienen Herr

Sin Rad wör ganz verbagen.

Klaus har so'n gläunig Isenstück,

Jüß ut'n Für ruthaben,

Un slög nu mit'n Hamer drup,

Dat hell de Funken staben.

„Das ist jawohl 'ne dolle Glut?"

De Herr wies up dei Stücken;

„Och nä! Gäwt Se 'n Dahler ut,

So will ick woll dran licken!"

„Top!" seggt de Herr, „das muß ich sehn,

Hier ist der Taler, bitte schön.

Nun wünsch ich viel Kurage!"

„Gewiß," seggt Klaus, „nu fang ick an:"

He nimmt den Dahler, lickt doran

Un stickt'n in de Tasche!

De slimmste Angst.

Dat wörn doch twee dägte Keerls

De beiden Fischersmaaten,

Wer die in sinen Deensten har,

De künn sick drup verlaten.

Keen Wäer so slimm, keen Wäer so dull,

Dat se tohuse blewen.

Keen Seegang, noch so hoch un wild,

Dat se torügge blewen.

Man eenmal har se't bald beluert:

Se seilden af, nich lange duer't,

Se wörn noch nich mal recht in See,

Do kreegen se 'n Störm ut Lee,

Dat Hör'n un Seh'n jem fast vergung,

Dat Schipp al Näslang Water fung!

Hein flattert in'r Takelee

Herüm jüß as'n jungen Spree

Tohuse up'n Wiemen!

Klaus röppt: „Pass up! Büst Du denn dull?

Sleit Di eers mal de See in't Mul,

Verdarwst Di den ganzen Primen!

De Grund.

Wenn man so Sömmerdags eenmol

Spazieren geiht den Wall hendol,

Denn krimmelt dat un wimmelt dat,

Von Kinnermäkens up den Padd,

Deels, um de Kinner uttoföhren,

Deels, um so'n beten wat to köhren.

Von Wat? Och wat dat nu so giwwt,

Meist von ehr Herrschaft, wat de driwwt.

Na, eenmol keem ick jüß darto, –

(Wat ick bi Weglang geern mal do –)

So'n Dröhnsnack mal mit antohör'n.

Wat meent Ji woll wat red't de Deern?

De Ene fragt: „Wo geiht dat an,

Dat man so'n lüttjet sötet Kind

As din't dor, „Laura" döpen kann?"

„Och", seggt de Anner do geswind:

„Min Herrschaft müßt so lang drup luern

Dor is ok nix nich to beduern,

Dat se nu ‚Laura' nennt dat Kind!"

„Nu süh mol", seggt de Een' un lacht':

„Nu geiht mi'n Licht up in'r Nacht,

Up eenmol weet ick ook Bescheed

Dat use jo 'Tosnellda' heet."

Dat Almosen.

Dor wör mal ins 'n rieken Buer,

De har 'n ganzet Schapp vull Geld,

Blos dat Utgewen fullt em suer,

Will he et gor to gern behöllt.

He wör keen Fründ von Gabengeben,

Un schimpte up dat Snurrerpack,

Dat ahne Arbeit keem dör't Leben

Mit Lumpen un'n Bädelsack.

Doch künn he sick'n Namen maken,

Denn wör he glicks mit Geld dorbi;

Dat kittelde em in de Knaken

Un mak em grot bi anner Lü!

En Fechter, de all säben Male

Vergebens klagte em sin' Not,

De fat't sick nu noch eenmal Mot,

Versöcht et noch tom achten Male.

De Giezhalz leet sick nich verföhr'n,

He giwwt, üm em man los to weern

En harten Knust verschimmelt Brot.

De Fechter aber stünn un luer.

„Wat will He nu noch?" röppt de Buer;

„Och Herr, wenn ick dat kriegen künn,

To'n Inslahn so'n Stück Zeitungsblatt!

Se gäwt 'n armen Minschen wat?

Dat mutt glieks in de Zeitung rin!!"

De Koh.

In Bremen up'n Rolandsmark,

Dor is Markdags 'n hellschet Lewen,

De Platz liggt vull von Wuddeln, Röwen,

Von Kohl, Salat un annern Quark.

Völ Buern und lüttje Buerfro'n,

De kriegt hier düchtig wat to dohn.

Ok Schultenvader was mal kamen

Har Bottern, Eier mitgenahmen

Un töwte nu, dat Jemand köm

Un ok von eem de Saken nehm.

Nu seet he dor in aller Roh,

Dicht neben em stünn – sine Koh.

Us Fründ sitckt sick sin Piepen an,

Bald kümmt denn ook son Hannelsmann:

„Na, Jan, wat schall de Koh denn gelln?"

„De Koh? De will ick nich verkopen!"

„Na nu? De is woll mit di lopen?

De schall di woll de Eier telln?"

Us Vadder sick sin Koh ansütt

Un ganz trohartig meent he denn:

„Ick dachte, nimm se man mol mit,

Se kümmt jo süß doch narens hen!"

Dat Opernglas.

Jan har sin Backtörf good verköfft

Un har de Tasche nu vull Geld.

Nu woll he mal Theater sehn

Un wenn't ook föftig Pennje gellt.

He löst sick also so'n Bülljet,

Giwwt langsom Stock un Mutzen her,

De Gardrobjee nimmt em dat aff

Un hangt et weg uns seggt: „Mein Herr,

Nun wünschen Sie doch auch ein Glas?"

Doch Jan, von all den Kuddelmuddel

Noch ganz verbas't, versteiht dat nich;

„Nä", seggt he, „ick drink ut'n Buddel!"

Dat Hochtiedäten.

Krischan, de wör in'r Stadt

Mal ins mit bi 'ne Hochtied wäsen;

Dor harr he nu väl Schönes hadd,

Natürlich ok 'n schönen Fäsen.

An annern Dag fragt em sin Fründ,

Woans em dat gefallen dä.

Wie denn de Stadthochtieden sünd,

Un wat he denn von't Äten sä?

Krischan fangt an, to renommeeren,

Un allens eenzeln uptoföhren:

Roßbief, Gullasch un Appelmus,

Dat wör wat Anners as tohus!

Ja, ja, dor güng ok nix verkehrt!

Doch Dierk de makt'n lang Gesicht:

„J, Roßbief? Wör denn alls von Peerd?"

„Nä", seggt Krischan, „de Appeln nich!"

De Astronomen.

T' is Schummerstünn. Klaus un Jehann

Staht nu vör'n Huse an den Tun,

Un smöken ähre Abendpiep,

Un reden so von dütt un datt.

De Nacht slickt lise öwert Feld,

Un swart un swer;

Still liggt dat Dörp, – fierabendstill,

Sogor de Wind rögt sick nicht mehr,

Von wiedher blos dat Poggentüg,

Dat köhrt un köhrt

Un aff un an bläkt mol de Hunn',

Süss is et still wied in de Runn'. –

Up eenmal achtern Eekhoff vör,

Stiggt hell un strahlend up de Mahnd.

„Süh mol", seggt Klaus, „wo blank un klar!

Un is doch blos akkrat so'n Ding

As use Eer, – us Paster seggt;

Dor schüllt sogar ok Minschen wahnen!"

„Den Deuker! Dor mögg ick nich lewen",

Röppt Jan, „Dat is jo ganz verdreiht!

Wat schall dat vörn Gedränge gewen,

Wenn nu de Mahnd afnehmen deiht!!"

De kloke Trina.

Jan keem jüß ut'r Stadt torügg,

Sin Trina kummt em in de Möte

Un pedd't em binah up de Föte:

"O, Vadder. Vadder! Wat'n Glück!"

„Nanu?" seggt Jan, „Wat hest Du denn?

Hett use Koh twee Kalwer smäten?"

„Och! Väl wat Bäters! Sett Di hen,

Ick hal Di gau erst wat to äten!"

Un Trina suust bald wedder rin:

„Denk di blos, Vadder, beide Swien

Heff ick vör hogen Pries verköfft,

Dat lüttje Farken noch dorto!

Na, wat'n Sägen! Wat'n Sägen!"

Un Jan, de höört ganz niepe to:

„Wo heet de Keerl? Wer hett se krägen?"

„Dat weet ick nich. Ick kenn em nich';

N'n ganzen rieken, sicherlich!"

„Na 's good", seggt Jan, „Denn hal mal her

Dat Geld, un tell mi dat mal vör!"

„Dat Geld?? Dat hett he mi nich gewen,

Dat Geld, dat is he schüllig blewen!"

„Gotts Dunner ook! Deern, büst Du dull??"

De Ohl sprung up, de Ohl de schull!

„Wo is dat möglich?? Kann't angahn??

Is denn so'n Dummheit to verstahn??"

Doch Trina lacht: „Nä, Vadder, süh:

Dor is jo gorkeen Dummheit bi,

Ick lat mi nich för'n Buuern holen:

Ick heww jo dat Farken als Pand beholen!!"

De Utred.

De School! De School! Dat is gewiß,

Dat dat en swar Stück Arbeit is!

Datt künn Lütt Hein ok bannig marken,

He bleew väl lewer bi si'n Farken.

Na, eenes Dags, – t'wör Mahndag grad, –

Keem Hein mal wedder ins to laat.

De Köster nimmt em eeklig vör:

„Hein! Wo kommst Du nu wieder her?"

Uns Hein, de nie verlägen wör:

„Herr Lehrer, da kann ick nich vör!

Die Heid, die was von Dau so glatt,

Das ümmer ich ausglitschen tat:

„Ein Schritt voraus, – n' lüttjes Stück, –

Fohrs rutschd' ich denn zwei Schritt zurück!"

De Köster grient: „Jetzt lügst Du, Hein,

Denn könnst Du hier noch lang nich sein!"

Doch Hein röppt in sin Bangigkeit:

„Zuletzt hab ich mir rümgedreiht!"

De Probe.

De School, de was in groote Not,

De ohl Herr Paster, de wör doot,

De Nee'e keem nu inspizeeren,

To sehn, wat hier de Kinner lehren,

Bi de ganz Lütten füng he an,

He was'n jungen forschen Mann.

In'n Ganzen güng dat nu so tämlich,

De Jungs, de wörn nich gar to dämlich

Un de ohl Köster wör ganz baff,

Dat dat so glücklich noch güng aff.

Toletzt, do wenn't sick de Herr Paster

Jüß an den'n dümmsten, Hein Kanaster,

Un seggt: „Nu sag Du mir mal, Heinz,

Wieviel sind nun wohl eins und eins?"

De Jung, de sitt un grient un – swiggt.

„Na, weißt Du das denn wirklich nicht?

Hör zu: Wenn ich nun hier ein Ei

Hinlege und noch eins dabei?"

Hein grient: „Wat schall ick dor to seggen?

Se könnt jo doch keen Eier leggen!"

Ji könnt de Rimels ook anhöören op:

www.rimelschapp.de

Dor giwwt dat ok een List mit Wöör.